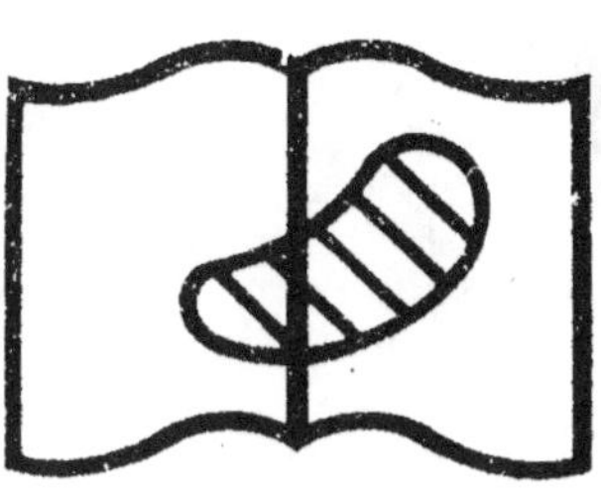
Illisibilité partielle

Contraste insuffisant
NF Z 43-120-14

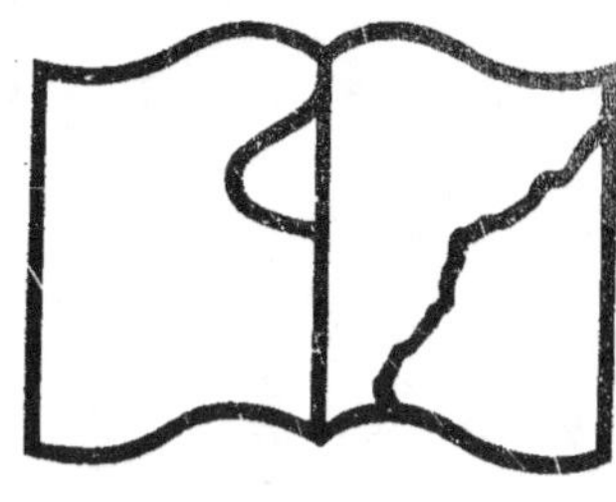
Texte détérioré — reliure défectueuse
NF Z 43-120-11

Valable pour tout ou partie
du document reproduit

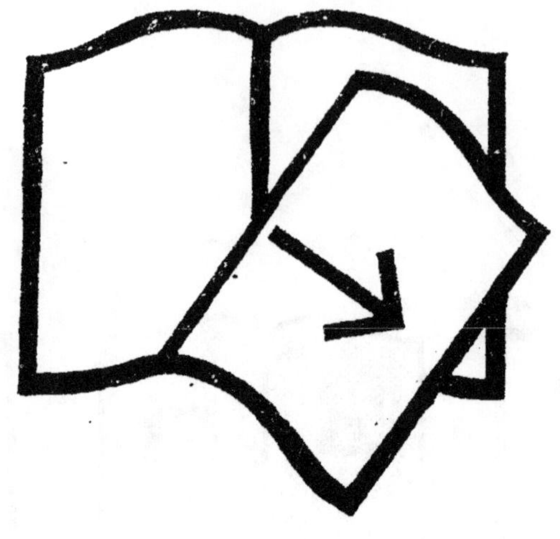

Couverture inférieure manquante

Original en couleur

NF Z 43-120-8

UNE EXCURSION

DANS LES ANCIENS

REGISTRES DE CATHOLICITÉ

(BAPTÊMES, MARIAGES ET SÉPULTURES)

DES PAROISSES DU DÉPARTEMENT DE L'YONNE

PAR

Max. QUANTIN

AUXERRE

IMPRIMERIE ET LITHOGRAPHIE DE G. ROUILLÉ

1886

(8)

UNE EXCURSION

DANS

LES ANCIENS REGISTRES DE CATHOLICITÉ

(BAPTÊMES, MARIAGES ET SÉPULTURES)

DES PAROISSES DU DÉPARTEMENT ACTUEL DE L'YONNE

Par M. Max. QUANTIN

Séance du 18 avril 1886.

La rédaction et la publication des *Inventaires des Archives du département*, ordonnées sous l'Empire par M. de Persigny, ministre de l'intérieur, amena ensuite l'extension de cette mesure aux archives communales, qui étaient alors la plupart dans le plus grand désordre. La partie la plus importante de ces derniers dépôts consiste en général, à l'exception des villes, dans les anciens registres de catholicité, autrement les registres de baptêmes, mariages et sépultures, aujourd'hui dits de l'état-civil, lesquels étaient tenus, avant 1790, par les curés des paroisses. J'avais plusieurs fois, dans le cours de mes fonctions d'archiviste départemental, constaté l'intérêt de ces vieux documents soit au point de vue des familles nobles qui ont possédé les seigneuries, soit à celui de la connaissance des faits historiques locaux, des mœurs, des phénomènes météorologiques, des épisodes de guerres, des pestes, des famines, etc. Pour exécuter les prescriptions de l'administration supérieure (1), les secrétaires des mairies furent chargés de relever, dans ces registres, et jusqu'à 1790, tous les actes de baptêmes, mariages et sépultures où figuraient les membres de la noblesse, puis tous les faits historiques, éphémérides, etc., consignés souvent par les curés au milieu de ces actes.

_____

(1) Décision ministérielle du 6 juillet 1863.

Sc. hist.

Ce n'était pas un petit travail, car il comprenait le dépouille-
ment de plus de 2,500 registres ou cahiers. Il était compliqué, en
outre, de la difficulté de lecture des vieux actes du XVIᵉ siècle, et
je dus y prendre part moi-même. Enfin les éléments des inventaires furent à peu près rassemblés.

Le Conseil général du département, en votant chaque année les
fonds nécessaires à la publication des *Inventaires des Archives
départementales*, permit d'y joindre les Inventaires des archives
municipales, à l'exception des villes principales (1), et en 1868 le
1ᵉʳ volume de cet ouvrage parut.

Mais la partie concernant les archives communales, et particulièrement les actes de l'état-civil et religieux avant 1790, n'y com-
prend pas moins de 360 pages à 2 colonnes, grand in-4°. C'est au
milieu de ce volume que sont dispersés les documents historiques,
météorologiques et autres qui sont l'objet de la présente notice. Il
m'a paru que la publication de 1868 ne mettait pas assez sous la
main des travailleurs les matériaux intéressants cachés dans ce
volume, et qu'il serait utile de les exhumer pour ainsi dire et d'en
former un résumé où les faits seraient classés par ordre de matières, et par conséquent plus faciles à trouver.

I. — Origine des Registres de catholicité.

On attribue généralement au Concile de Trente et à François Iᵉʳ,
par son ordonnance de Villiers-Cotterets du mois d'août 1539, le
premier établissement des registres des actes de baptême. Cependant cette pratique, pour constater l'état chrétien des nouveaux-
nés, était déjà usitée en divers lieux de France antérieurement.
Pour ne parler que de nos pays, il existe aux archives de la ville
d'Auxerre des actes de baptême datés de 1519. Un décret du Concile de Séez, tenu en 1524, prescrit aux curés « de faire à l'avenir
un registre des baptêmes pour y écrire les noms et surnoms de
l'enfant, du père et de la mère, des parrains et marraines. »

Dans notre département, dans les bourgs et les villages, les
registres de baptêmes les plus anciens sont ceux de : Sacy (1540),
Lainsecq (1540), Cravant (1541), Saint-Bris (1544), Toucy (1547),
Appoigny (1550), Parly (1551), Saint-Florentin (1552), et soixante-
dix autres communes qui possèdent des registres de baptêmes
antérieurs à l'an 1600.

Nous emprunterons à l'introduction qui précède le tome I de

____

(1) Les Inventaires des Archives des villes de Sens et d'Avallon ont été
publiés en deux volumes in-4°, avec tables détaillées.

l'*Inventaire des Archives civiles de l'Yonne* quelques remarques qui rentrent dans cette partie de notre sujet :

« Toutefois, soit par défaut de conservation, soit autrement, avant 1579 ou 1580, on ne rencontre qu'un petit nombre de registres, et l'on peut croire que ce fut l'édit de Henri III, de l'an 1572, qui régularisa tout-à-fait cette partie importante de l'administration publique.

« Les actes, rédigés par les curés, sont encore longtemps écrits en latin et, dans quelques lieux, jusqu'au milieu du xvii⁰ siècle (1). Les baptêmes furent d'abord les seuls actes de la vie consignés sur les registres. Il s'agissait avant tout d'un but religieux, et les mariages et les décès n'y figurent qu'au xvii⁰ siècle.

« En parcourant ces registres, on est frappé d'un fait permanent, c'est qu'à partir de 1570 ou 1580 environ, pour peu que le pays ait la vie d'un bourg, d'une petite ville, les actes sont souvent signés, très souvent même, par des artisans aussi bien que par des bourgeois, par des femmes autant que par des hommes ; et, dans ce dernier cas, d'une manière plus régulière. A cet indice on reconnait l'existence d'écoles que certaines personnes croient à tort ne s'être répandues que de nos jours (2).

II. — PARRAINS ET MARRAINES. — SAGES-FEMMES.

« Un fait permanent dans les registres des villages et bourgs où il existe un manoir ou un château seigneurial, c'est la présence du seigneur, de sa femme ou de leurs enfants aux baptêmes des nouveaux-nés de leurs vassaux, de quelque condition que soient ces derniers. Les seigneurs sont aussi témoins aux mariages. Cette persistance de relations, signes d'un patronage sympathique du seigneur envers son vassal, s'étend du haut en bas de l'échelle nobiliaire. Le plus grand baron, prince de sang même, ne dédaigne pas de tenir sur les fonts sacrés l'enfant du plus humble laboureur (3). Cet état de choses dura jusqu'au xviii⁰ siècle, époque où

______

(1) A Saint-Florentin, 1ᵉʳ juin 1653.

(2) Une preuve encore de l'existence des écoles dans nos pays au commencement du xvii⁰ siècle, se voit dans un dossier de pétitions adressées aux Frères Prêcheurs du couvent d'Auxerre pour obtenir l'établissement de confréries du Rosaire, par 14 paroisses du diocèse d'Auxerre, 6 du Tonnerrois et 6 de l'Avallonnais. Ces pièces sont signées par un certain nombre d'hommes et de femmes, et qui s'élève à Chablis à 130, à Seignelay, à 37, etc. (*Arch. de l'Yonne*, H. 1391).

(3) Henri IV donna lui-même plus d'une fois cet exemple lorsqu'il était petit roi de Navarre. (Voir G. B. de Lagrèze, *Vie privée de Henri IV*, p. 309, in-12.

l'absentéisme commença et où des seigneurs, les uns allèrent
habiter les villes, et les autres suivre la cour ou servir à l'armée. »
Ajoutons qu'il était ordinaire, dans certains couvents, de voir les
abbesses et même les simples religieuses être marraines.

Nous citerons quelques faits à l'appui de ce qui précède.

Saint-Bris, 17 juillet 1582. — Baptême de Marguerite, fille de
Jean Bersant et de Marthe Cottin ; parrain honorable Claude Cam-
penon ; marraines : haute et puissante dame Marguerite de Dinte-
ville, dame de Saint-Bris, et Marie Cottin. — 23 avril 1669. —
Baptême de Henri, fils de Henri Renaudin, procureur-fiscal, et
d'Anne Sourdeau ; parrain : Claude Renaudin, procureur du Roi à
Auxerre ; marraine : dame Anne-Thérèse de Marguenat, épouse
de messire Henri de Lambert, marquis de Saint-Bris. — 30 septembre 1669. Baptême de Henry, fils de Louis Chapeau, maître
charpentier, demeurant à Marsigny, et de Louise Manant, ses père
et mère ; parrain : messire Henry de Lambert, marquis de Saint-
Bris, mestre-de-camp de cavalerie ; marraine : demoiselle Marie
Pirot, femme du bailli de Saint-Bris.

Chevannes, 27 août 1628. — Baptême d'Élisabeth, fille de Edme
Maulgré, vigneron ; marraine : noble damoiselle Diane de la Meschaussée, fille de J. de la Meschaussée, gentilhomme de la chambre du roi, seigneur de Beaulches.

Saint-Cyr, 5 février 1652. — Baptême de Jules Griffe ; parrain :
Jules Gouffier, seigneur marquis de Saint-Cyr ; marraine : Madeleine Petit.

Vincelles, 25 février 1638. — Baptême de François, fils de Pierre
Robin et de Marie Boulé ; parrain : Claude Chapotin, marchand à
Vincelles ; marraine : demoiselle Françoise de la Coudre, fille de
Jacques de la Coudre, seigneur de Vincelles.

Andryes, 1er septembre 1681. — Baptême de Madeleine, fille de
Edme Blin, manouvrier ; marraine : demoiselle Madeleine de Lenfernat.

Ouanne, 1er novembre 1690. — Baptême de Cécile, fille de Jean
Poitreau, manouvrier ; parrain : Lazare de Moncorps, écuyer ;
marraine : demoiselle Rénée d'Assigny.

Vallery, 19 juillet 1637. — « Baptême de Louis, fils de Georges
Vauduy ; parrain : Henri de Bourbon, prince de Condé (signature
autographe) ; marraine : Catherine de Jussy. — 1er avril 1640.
Baptême de Louis, fils de Georges Pasquet ; parrain : Louis de
Bourbon ; marraine : Marie Chappelot. »

Maligny, 19 mars 1652. — Baptême de Louise-Marie, fille de
Nicolas Jacquinot et de Jeanne Vocoret ; marraine : Louise-Marie
de la Grange, fille de messire Henri de la Grange, marquis d'Arquian, comte de Maligny.

Perreuse, 1722. — Baptême de Pierre, fils de Nicolas Morisset, vigneron ; parrain : messire Frappier, seigneur de Dallinet, prési dent trésorier de France en la généralité de Bourges ; marraine : honnête fille Marie Paillard.

Nous terminerons ici cette analyse pour voir des parrains et des marraines de familles nobles qui font de ces cérémonies une fonction permanente et une œuvre de piété :

A Saint-Sauveur, demoiselle Jeanne-Gabrielle d'Agès est très souvent marraine (1601-1605, p. 104) ;

A Fulvy, Jean Le Cosquino, seigneur de Fulvy, est trois fois parrain (1645-1654).

A Andryes, Madeleine de Lenfernat et Hyacinthe de la Coudre sont souvent marraines (1681-1691).

A Ravières, Marie-Catherine de Bessey, épouse de Pierre Bazu, seigneur de Merceuil et Junay, figure comme marraine, depuis 1660 jusqu'en 1694, plus de *quarante fois*.

A Thorey, Anne-Françoise Dabonde de Bragelogne est souvent marraine. Elle assiste aussi aux mariages et aux enterrements (1707).

Quelquefois, de hauts dignitaires de l'ordre ecclésiastique sont parrains. En 1634, Mgr Dominique Séguier, évêque d'Auxerre, est parrain à Coulange-sur-Yonne d'un enfant de Jean Girardot et de Madeleine Desbelin, ayant pour marraine demoiselle Marie de Bourgoin, fille de Messire Jean de Bourgoin, seigneur de Folin.

En 1645, le 30 juin, Mgr Eustache de Chéry, évêque de Nevers, est parrain à Druyes, avec dame Marie de Lonjeu, épouse du seigneur d'Alligny, du fils de Jean-Paul de Bazille, écuyer.

On voit aussi des religieuses être marraines. Citons particulièrement celles de l'abbaye Saint-Julien d'Auxerre. Leur maison ayant été démolie pendant la Ligue pour la sûreté de la ville, elles se retirèrent dans leur terre de Charentenay et y restèrent depuis 1594 jusqu'à 1649. L'observance de la règle et de la clôture y était difficile, et elles saisissaient volontiers les occasions de distractions pieuses qui se présentaient, comme celles d'un baptême.

En 1602, l'abbesse Sophie de la Madeleine est marraine; « la vieille abbesse, » Mathurine Desgalbo, est aussi marraine la même année. Mais c'est surtout l'abbesse Gabrielle de la Madeleine, qui succéda à Sophie en 1606, et qui au milieu de procès et de luttes contre l'évêque d'Auxerre, qui voulait la soumettre à sa juridiction et ensuite la forcer à rétablir son couvent de cette ville, semble s'adonner avec plaisir, pendant près de 50 ans qu'elle vécut à Charentenay, à remplir l'office de marraine des enfants de ses vassaux. Les registres de cette époque sont remplis d'actes où elle figure en cette qualité, quelquefois en la qualité de « grande marraine, » parce qu'il y en a une seconde, comme il était d'usage autrefois.

A son exemple, de simples religieuses, Marie de Leroche, Marguerite de Lanvacy, Jeanne de Gannay, Françoise Durel, Marie de la Plume, sont également très souvent marraines.

On voit encore Anne de la Madeleine, nièce de l'abbesse, et reçue au Couvent à l'âge de 8 ans, être souvent marraine avant de succéder à sa tante, en 1658, année où elle figure encore dans les registres en cette qualité.

La famille de la Madelaine de Ragny semble inféodée à l'abbaye de Saint-Julien, et les souverains y perpétuèrent la dignité d'abbesse jusqu'à l'année 1776.

Les abbesses et les religieuses de Crisenon du xvII° siècle figurent aussi comme marraines dans les actes de la paroisse de Bazarne. On voit également, dans ceux de Cravan, en l'an 1607, deux filles de la maison de Chastellux, Hélène et Minerve, religieuses de Crisenon, paraître comme marraines.

La manière de nommer les sages-femmes est assez intéressante à signaler. Les habitants s'assemblaient, les femmes surtout, pour examiner les candidats, en présence du curé de la paroisse, et après réponses satisfaisantes on élisait la plus capable, qui prêtait serment et jurait sur les saints évangiles de garder et observer la promesse par elle faite devant le saint sacrement de l'autel. (Reg. de Fulvy, an 1674). A Venizy, l'acte de nomination faite par le curé est signé de sept notables de la paroisse (26 juin 1715). A Saint-Bris, la sage-femme élue prête serment entre les mains du curé (1704). A Sacy, Madeleine Droin est élue sage-femme « par les femmes qui lui ont donné leurs voix, l'une après l'autre, au banc d'œuvre, après les vêpres. Elle a prêté le serment ordinaire entre les mains de M. Jacquot, curé de Sacy. »

III. — Biographies.

Parmi les noms innombrables que renferment nos registres, nous en releverons quelques-uns d'illustres ou au moins de marquants, bien que souvent rien dans leur origine n'ait fait prévoir leur célébrité future :

Adry, Jean-Félicissime, né à Vincelottes, le 27 mars 1749, de Jean Félicissime et d'Anne Rojot, savant religieux oratorien.

Condé (Henri de Bourbon, prince de), mort à Paris le 26 décembre 1644, sur les quatre heures du soir, « lequel décéda de la pierre qui lui boucha les conduits, et son corps fut amené dans l'église de Valery, vers le soir du 12 janvier, et inhumé le lendemain, Mgr l'archevêque faisant l'office. »

Couaillier, Jean, docteur en médecine de la faculté de Paris, fameux par toute la France par la parfaite science qu'il avait à connaitre par la vue des urines toutes les maladies du corps humain, mort à Seignelay, le 25 mai 1706, âgé de 48 ans. Il était fils de noble Marin Couailler, médecin ordinaire du roi, si connu à la cour sous le nom de médecin du Baume. Ils sont inhumés en l'église de Seignelay. (Registre d'Héry).

Davout, Louis-Nicolas, né le 11 mars 1770 à Annoux, fils de Jean-François Davout, lieutenant au régiment de Royal-Champagne, seigneur d'Annoux, et de dame Adelaïde Minard de Velars ; parrain : Nicolas Davout, son oncle, capitaine aide-major dans le corps des carabiniers de M. le comte de Provence ; marraine : Mme Minard de Velars, veuve de messire Etienne Minard de Velars, lieutenant-colonel dans le régiment de Forez. Davout devint duc d'Auerstadt, prince d'Eckmühl et maréchal de France.

Duval, Jameray-Valentin, né à Vireaux le 24 avril 1695, fils de Valentin et d'Anne Morizot, devint, après de nombreuses vicissitudes, conservateur des médailles du cabinet de Vienne.

Janus, Pierre, prévôt de Montbéon, mort le 10 septembre 1595, à Villeneuve-la-Guyard, « vir super omnia laudabilis et trium linguarum latinæ, græcæ et hebraïcæ admodum peritus. »

Pourchot, Edme, né à Poilly près Aillant le 7 septembre 1651, fils de Jean et de Jeanne Avisse, sa femme. Est devenu recteur et syndic de l'université de Paris.

Regnier (Claude-Louis-François de), comte de Guerchy, lieutenant général des armées du Roi, ancien ambassadeur en Angleterre, inhumé dans le caveau de l'église de Guerchy, le 17 septembre 1767, âgé de 52 ans.

Rétif, Nicolas-Edme, né à Sacy le 23 octobre 1734, fils d'Edme Rétif, marchand, et de Barbe Ferlet. Romancier fécond, bizarre et licencieux.

Prêtre, Sébastien, né à Saint-Léger-Vauban le 15 mai 1633, fils de Albin Prêtre, écuyer, et de demoiselle Edmée Cormignolle ; parrain : messire Sébastien Clairin, curé de Cordois ; marraine : Judice de Ham, veuve de messire Georges Bierry. Fut grand ingénieur des fortifications et maréchal de France. Il reçut le nom de Vauban de celui d'une terre en Nivernais qu'il possédait.

Soufflot, Jacques-Germain, né à Irançy le 5 janvier 1709, fils d'honorable homme Germain Soufflot et d'honnête femme Anne Rojot. Grand architecte et auteur de l'église du Panthéon.

IV. — Episodes de guerres.

Les guerres religieuses du xvi⁰ siècle ont laissé quelques traces dans nos registres.

Saint-Bris, 1567. — « Du mois d'octobre 1567 au mois de mai 1568, il y a eu 118 baptêmes d'enfants d'habitants d'Auxerre, et d'autres d'Augy, Venoy, Quennes, Vaux, Champs et autres, en tout 260 baptêmes. » La ville d'Auxerre était au pouvoir des Huguenots, ainsi que les villages « non fermés, » tandis que la ville de Saint-Bris, entourée de murs, était défendue par les catholiques.

Courgis. — Le curé de Courgis près Chablis fait, à la même date, un aussi lamentable tableau de l'état des environs de cette dernière ville parcourus par les Huguenots, qui pillaient les églises et mettaient en fuite les curés.

« Entre le 23 octobre 1567 et le 2 juillet 1568, ont esté baptisez plusieurs, tant de ce lieu de Courgis, Beyne, Préhy que aultres lieux, et n'ont esté mis par escript à cause des troubles qui ont régné en cedit temps. »

Les passages de troupes au xvii⁰ siècle causaient de grandes misères aux populations des villages. A Eglény, le 11 mai 1630, le feu a été mis par une compagnie de gens de pied du régiment de Bellevaux. L'incendie a détruit la plus grande partie du bourg, et a été mis en représailles de ce que les habitants s'étoient retirés dans le château, et ne voulurent pas ouvrir la porte aux soldats. A Cry, canton d'Ancy-le-Franc, le curé Caverot consigne sur son registre ces faits : « Dans une enquête faite au sujet de la fondation de la cure contre les Bénédictins d'Autun, il rapporte qu'un témoin déposa qu'en 1636 le village de Cry fut pillé, le jour de Saint-Martin d'été, par un régiment de cavalerie qui alloit au siége de Dole, et qu'au retour de cette opération un autre régiment pilla de nouveau le village. En 1663, même avanie ; une compagnie de Saint-Thomas cavalerie, étant en garnison dans ce pays, le pilla encore. Un autre témoin dit que dans ce dernier pillage son père et sa mère l'emmenèrent par la main en quittant leur maison. Un autre ajoute que les habitants furent obligés d'abandonner le village et de s'enfuir, et qu'auparavant, au temps de messieurs de Guise, le lieu de Cry avait été déjà pillé et volé, et que son père lui avait dit qu'on se servait de l'église pour faire une écurie. Plusieurs autres témoins font la même déposition. »

Le curé de Thorigny (1628-1639) a consigné dans son registre la relation des longues misères que les gens de guerre causèrent à ses paroissiens.

Le premier passage de troupes formées de huit compagnies du régiment de Beaumont eut lieu, le 31 janvier 1628, sous la conduite de M. de Verminy, premier capitaine. Elles revenaient du siège de La Rochelle et repartirent le lendemain pour la Picardie. « Avant de partir, le capitaine fit battre un ban pour sçavoir si quelqu'un se plegnoit. J'ay fait response que non. » C'était rassurant et faisait honneur à la discipline de ce corps. Mais cela ne devait pas continuer. Les passages de troupes se succèdent et le curé consigne sur son registre les pillages, les réquisitions et tout le reste dont sont victimes souvent les habitants de Thorigny, de Granges, La Postolle, Fleurigny, etc.

Voici seulement un échantillon des faits racontés par le curé :

« Cejourd'hui, 11 novembre 1630, sur les 11 heures du matin, sont deslogez de ce bourg de Thorigny les troupes du baron de Canisy, composées de Normans et de peu de Bretons, sçavoir à Granges, 3 compagnies, à La Postolle, 1, et à Thorigny, 6, composées chacune de cent à cent vingt hommes, sans y comprendre un tas de gogars (1), et à Thorigny, 120 chevaux; lequel régiment a demeuré 18 jours entiers, et a vescu presque à discrétion pendant ledit temps, très grande dépense; ils ont beu 300 muids de vin ; le pays a esté ruiné. »

Les années suivantes, jusqu'en 1639, ne s'écoulent pas sans passages de troupes et sans réquisitions. En 1637, le 9 mai, le curé qualifie rudement la compagnie de M. de Praslin, « de 40 à 50 maistres des plus meschants et grands voleurs que l'on vit jamais.

Enfin, le dernier passage, en 1639, est celui d'une partie du régiment du sieur de Sirot, composée de 40 ou 50 cavaliers, conduits par M. de Chaumenon, qui, durant trois mois huit jours, sont restés à Thorigny, « gens insatiables au boire et manger. Ils ont vescu à discrétion, faict grande chère, toujours yvres; faict les dyables, ont mis le bourg en ruine. »

Le prieur de Chéroy, Jacques de la Martillière, consigne dans son journal (1641-1667), d'autres épisodes du passage ou du séjour des gens de guerre à Chéroy, en 1652 (2), notamment le 9 septembre, où il arriva une tuerie effroyable des habitants. Voici sa relation : « Cejourdhuy, sur les trois heures après midy, arriva

(1) Goujats, suivant l'armée. (Voyez *Dictionnaire de la langue française*, par Godefroy, au mot *Gogue*.

(2) Voyez dans l'*Annuaire historique de l'Yonne* de 1840, article Chéroy, par M. Lechat, des détails sur ces événements et sur plusieurs autres communes.

à Chéroy le comte de Mombas, qui conduisoit mille ou quinze cents cavaliers qui revenoient de Mouron (1), lequel entra dans Chéroy avec force et violence par les bresches qui estoient aux murailles du bourg, où ses gens tuèrent tant par les rues, maisons, que dans l'église, trente hommes, sans les blessés, qui furent bien cinquante ou soixante ; parmi eux il y avoit un sergent royal, deux chirurgiens, deux procureurs, des marchands, etc. »

La tuerie ne s'arrêta pas à ces premières victimes, quatorze autres individus moururent des suites de leurs blessures.

On doit supposer, à la décharge des soldats, qu'ils avaient éprouvé une résistance énergique de la part des bourgeois de Chéroy, pour qu'un tel massacre arrivât. Mais le prieur n'en dit rien, L'église fut rebénite, par ordre de l'archevêque, pour avoir été polluée par la mort de quelques-uns des habitants.

V. — Saint-Fargeau et la cour de la Grande Mademoiselle.

Les registres de cette ville au xviiᵉ siècle tirent leur intérêt de la présence de la Grande Mademoiselle, fille de Gaston d'Orléans, frère de Louis XIII, dame de Montpensier et de Saint-Fargeau, qui ayant pris parti pour la Fronde, protégea le prince de Condé au mois de juillet 1652 et le fit échapper à la poursuite des troupes royales à la porte Saint-Antoine, à Paris, en tirant le fameux coup de canon de la Bastille, qu'elle occupait, et qui arrêta ces derniers.

La duchesse, après cette équipée, ne tarda pas, à son tour, à quitter Paris et à se retirer dans son château-fort de Saint-Fargeau, où elle demeura en exil jusqu'en 1657 (2).

Ses *Mémoires* racontent en détail les impressions désagréables qu'elle éprouva à l'aspect de ce vieux manoir en ruines, où il n'y avait d'habitable que l'appartement de M. Roger de Bellegarde, pair de France, premier gentilhomme de Son Altesse royale. La princesse s'occupa activement de rendre le manoir digne d'elle et de sa cour. Nous n'en parlerons pas davantage, nous bornant à relever des registres de catholicité ce qu'ils renferment d'intéressant.

Les *Mémoires* de la duchesse font mention de plusieurs de ses officiers et de ses dames. Nos registres sont plus détaillés et offrent un attrait de plus à la curiosité. On y voit comment le ser-

(1) Mouron est une petite ville des Ardennes.
(2) Elle était encore à Saint-Fargeau le 29 mai 1657.

vice de la Grande Mademoiselle était organisé, par la mention qui y est faite de la part que les seigneurs et les dames prennent aux baptêmes des enfants de Saint-Fargeau, ou de leurs propres familles ou des gens de service.

Et d'abord, à tout seigneur tout honneur. Mademoiselle ne dédaigne pas d'assister, le 17 mars 1653, au mariage de Pierre Couppé, concierge de son château de Saint-Fargeau, avec Jacqueline Gibaut, et de signer au registre.

Pour se distraire et faire plaisir à ses officiers de différentes classes, jusqu'à son écuyer de cuisine, à son cocher et à son concierge, elle tient leurs enfants sur les fonts de baptême, avec le chevalier de Charny, le comte d'Arquian, M. de Bellegarde, officiers de sa cour.

A peine installée à Saint-Fargeau (31 janvier 1653), la duchesse vit mourir Françoise, « sa petite naine, âgée de 26 ans, qui n'avait que deux pieds de hauteur (1). »

Elle fait venir toute sa maison, ses gardes, ses domestiques et plusieurs de ses amis, le chevalier de Charny, le comte de Rontenac (2), Anne des Cars, comte dudit lieu, qui est parrain du fils du garçon d'écurie de Mademoiselle. Voici les noms des personnages de tous rangs qui avaient l'honneur de la servir :

Premier gentilhomme, M. Roger de Bellegarde ;

Secrétaire des commandements, Louis Leroy, seigneur de Préfontaine ;

Premier chambellan, Antoine de la Grange, comte d'Arquian ;

Le contrôleur général de la maison de Son Altesse royale, M. François Gaillard ;

Aumônier, Petit, docteur en théologie, doyen-curé de Saint-Fargeau ;

Maréchal des logis, Jean Bodin, seigneur de Clignancourt ;

Écuyer de cuisine, Pierre Le Vaux ;

Gentilhomme servant, Christophe Couturier, écuyer ;

---

(1) La présence de nains chez les souverains et chez les grands seigneurs est déjà signalée à la cour de François Ier. En Italie, les nains faisaient fureur. Blaise de Vigénère écrit : « Je me souviens de m'être trouvé, en 1556, à Rome, en un banquet du feu le cardinal Vitelli, où nous fûmes servis par des nains, jusqu'au nombre de 34, de très petite stature, mais la plupart contrefaits et difformes. » (G. B. de La Grèze, *Henri IV, vie privée, détails inédits*, 1885, in-12, p. 224).

(2) François-Louis de Buand, comte de Frontenac déclare, dans l'acte de baptême du 26 octobre 1655, où il figure, « ne pas savoir signer, » tandis que la marraine, la comtesse de Fiesque, y appose sa signature.

Commandant de l'écurie, J.-B. d'Arères, écuyer ;

Capitaine de la vénerie, Pierre de Fougère ;

Officier de Mademoiselle, Jean Andrieux ;

Entrepreneur des bâtiments, Antoine Husson ;

Cocher, Barbier ;

Concierge du château et garde des forêts du duché, Pierre Couppé.

Les dames qui sont attachées au service de la duchesse et qui figurent dans les registres de Saint-Fargeau, sont :

La gouvernante de Mademoiselle, Anne Leveneur, comtesse de Fiesque ;

Dame d'honneur, Anne de la Grange, comtesse de Frontenac ;

Mme Gabrielle de Rochechouart, comtesse de Thianges, qui représente Mademoiselle au baptême de l'enfant de son cocher (24 janvier 1657) ;

Première femme de chambre, demoiselle Élisabeth Souart.

Qu'on ajoute à cette liste les pages, les domestiques de ces personnages, les gardes du château, et on aura une population considérable qui remplissait les vastes appartements du vieux manoir restauré par la duchesse, sous la direction de Levaux, fameux architecte.

Outre ce personnel attaché au service direct de Mademoiselle, on voit figurer dans les actes :

Gouverneur du duché de Saint-Fargeau, Louis de Menou, seigneur de Treigny, puis Jean-Henri de la Salle, baron de Tannerre ;

Bailli et juge ordinaire de Saint-Fargeau, Jean Archambault ;

Lieutenant au duché, Réné Moreau ;

Receveur de Son Altesse au duché, François de La Place.

Les Mémoires du temps rapportent aussi que Segrais, le poète favori de Mademoiselle, habita le château, que Lully et les six violons de Mademoiselle égayaient souvent ses hôtes. Mais nous cessons de parler d'après nos registres, et nous terminerons ici cet article.

VI. — PHÉNOMÈNES MÉTÉOROLOGIQUES DIVERS.

Les phénomènes météorologiques qui sont aujourd'hui, de la part des savants, l'objet d'observations suivies, afin d'en déduire des règles générales dans leur retour, sont quelquefois signalés dans les anciens registres de catholicité. Nous en reproduisons les principaux cas :

Thorigny, 1617. — Pluie de sang. « Ce jourd'hui Feste-Dieu 1617, il arriva à Sens chose merveilleuse, en ce que outre l'orage de vent et de l'eau, il s'est trouvé plusieurs gouttes de sang humain tombé du ciel sur certaines personnes, sur les herbes des jardins, sur les pierres et sur du boys, et personne n'a peu donner la raison, sinon de dire que les effets de Dieu sont admirables et incogneuz aux hommes. »

Le bon curé ignorait que ces prétendues gouttes de sang sont dues à des animalcules rouges qui végètent sur les neiges des montagnes du Nord et que des trombes entraînent au loin avec elles. En tombant ils colorent la neige fondue et donnent à l'eau l'apparence de gouttes de sang. Le curé de Thorigny s'en réfère, dans sa prudence, à la toute-puissance de Dieu, mais sans donner à ce phénomène des causes superstitieuses, comme certains esprits de son temps le faisaient (1).

Tremblement de terre. — Aurore boréale. — Le curé de Cry, à la date du 12 mai 1692, mentionne un tremblement de terre, c'est le seul que nous ayons rencontré dans nos registres. En voici le récit dans sa simplicité : « Il se fit un tremblement de terre à la pointe du jour, le 12 mai 1692. Tout le monde étoit saisy de frayeur et se croyoit perdu, pensant que tous les bastiments étoient renversés. » On a lieu de s'étonner de cette unique mention dans tous nos registres. Nous la donnons cependant pour servir au besoin.

A Vireaux, il est parlé d'une aurore boréale, le soir du 19 octobre 1726 : « A la nuit tombante, il parut au ciel, du côté du soleil couchant, une grande blancheur rendant une clarté suffisante pour distinguer, malgré la nuit, les objets sur la surface de la terre, et à travers de laquelle on apercevoit les étoiles du firmament. Vers huit heures, cette blancheur s'étendit depuis l'endroit où le soleil se couche en été, jusqu'à celui où il se lève en cette saison. Peu après, pendant un quart d'heure, de grandes rougeurs se montrèrent et disparurent presque aussitôt. Enfin, quoique le temps fût calme, des brouillards s'élevèrent de la basse région, montèrent par ondulation jusqu'à notre nadir, et là ils disparurent. Ces signes ont cessé vers minuit. Ils ont causé beaucoup d'inquiétude. »

A Villegardin, le même jour, 19 octobre 1726, le curé signale les mêmes phénomènes qu'à Vireaux, pays situé à 93 kilomètres de Villegardin à vol d'oiseau : « Environ huit heures du soir, le

______

(1) Voir *Histoire miraculeuse des eaux rouges comme sang tombées à Sens*, le jour de la Fête-Dieu 1617, par Thomas Montsaing, chirurgien à Sens, et *Annuaire de l'Yonne de 1866*, p. 108.

temps étant fort serein, il parut en l'air une si grande quantité de
météores, qu'ils mirent l'épouvante en beaucoup d'endroits. Leur
mouvement étoit du levant d'été au couchant, lorsqu'ils étoient
dans la Grande Ourse, ils passoient avec une grande vitesse sous
le pôle et venoient jusqu'au milieu de la zône tempérée, et étant
là ils formoient une espèce de couronne de feu et restoient sans
mouvement, ensuite ils disparaissoient invisiblement; ce qui dura
presque toute la nuit. Il sembloit que les démons de l'air vou-
loient remplir les spectateurs de crainte et en même temps d'ad-
miration. »

VII. — Orages, chute de foudre, grêles, pluie, inondations

Villon, an 1633, 7 août. — « Le soir, grêle affreuse qui a endom-
magé le territoire de Villon et beaucoup d'autres villages depuis
Tonnerre jusqu'à Mussy. »

Septfonds, an 1650. — « Ceste-année a esté fort pluvieuse. Les
pluyes commencèrent au mois d'aoust, par un grand tonnerre
qu'il fit toute une nuit, et continua la pluie les mois d'aoust à
décembre que l'on n'a peu emblaver, les limasses engendrées en
grand nombre ont tout mangé. Et nous voyons que Dieu a retiré
sa bénédiction de dessus la terre, et crainte d'une famine dont
Dieu nous garde! »

Au même lieu, 1651. — « Ceste année a esté appelée l'année de
misère. On n'a rien recueilli de tout le pays. Misère et famine
partout. La guerre d'un autre costé : Dieu nous console d'autre
costé! »

Cry, 1676. — « La neige commença à tomber le 1er décembre et
dura jusqu'au 15 janvier 1677, lesquelles neiges amenèrent un
grand débord d'eau qui causa un grand dommage sur la rivière
d'Armançon et notamment aux marchands de bois trafiquant sur
la rivière. Les eaux étoient si grandes qu'elles ont emmené le
tablier du pont de Montbard sans compter les autres dommages.
La force des glaces, qui avoient deux pieds d'épaisseur, a rompu
trois piliers du pont de Cry et renversé les pierres du tablier. »

1680. — Voici un phénomène qui, bien que non mentionné dans
les registres de catholicité, n'en rentre pas moins dans nos
recherches :

Le même jour 5 juin 1680, les deux églises des villages d'Évry,
canton de Pont, et de Champcevrais, canton de Bléneau, ont été
renversées par une trombe subite de vent. A Champcevrais, vingt-
cinq personnes ont été écrasées dans l'église. Il faut remarquer
que les deux villages sont à plus de 64 kilomètres à vol d'oiseau

l'un de l'autre, du nord à l'ouest. Des inscriptions placées dans les églises ont conservé la mémoire de ce terrible événement, qui renversa aussi toutes les maisons d'Évry.

Il est à croire que la trombe n'a pas seulement frappé ces points si éloignés l'un de l'autre et que les villages intermédiaires n'ont pas été épargnés.

Cry, 1686. — « Le 26 mai, sur l'heure de deux après midi, il survint une nuée et une grêle si abondante et si grosse qu'elle perdit totalement les vignes de Cry et de Perrigny. L'eau fit des fossés du haut en bas de la montagne, en un mot, fit un dommage que l'on ne peut estimer, tant la perte étoit considérable. »

A Civry, le même jour, grêle énorme qui ravagea toutes les récoltes. Le 26 juin, autre chute de grêle aussi pernicieuse.

Les Bordes, 1687. — « Le 30 juillet, une inondation a eu lieu, la hauteur de l'eau dans l'église étoit de cinq pieds. »

Gland, 1688. — « On dit que la foudre et le tonnerre ont été si grands que plus de 80 chaumes de maisons ont été ruinées et abattues; grands dommages à la campagne, la vigne et les emblaves ruinés. Aux environs de Gland, le tonnerre est tombé au mois d'août; à Ancy-le-Serveux, il tua une fille faucillant à la campagne; à Villon, il tua un homme, tomba sur le moulin de Cruzy dont il brûla les ailes. »

Civry, 1697. — Grande inondation causée par les eaux du Serain, depuis sa source jusqu'à son embouchure toutes les prairies furent inondées et les foins perdus.

Cheny, 1697. — « 24 juin; la rivière d'Armançon a débordé, elle étoit si prodigieusement grosse qu'elle bouchoit les arches du pont. Elle alloit jusqu'au moulin de Migenne. »

Les Bordes, 1702. — « Le 8 août, inondation d'eau. Il entra dans l'église plus de deux pieds d'eau; dans le presbytère autant que dans la plupart des Bordes voisin du ruisseau, et cela vint par un orage qui dura plus d'une heure. — 1725, 24 mai. Il y a eu ici, sur les deux heures après midi, une si grande inondation que l'eau entra dans l'église jusqu'à la hauteur de cinq pieds et demi, et dans le presbytère jusqu'à celle de deux pieds. — 30 août, seconde inondation semblable à celle du 24 mai, environ sur les six heures du soir. » — 4 juillet 1737, autre inondation semblable aux précédentes.

Civry, 1720. — 6 août : toutes les maisons de Civry situées au bas du climat lieudit les Comes furent renversées par un torrent; ont put à peine sauver ses effets. Un enfant âgé de six ans y perdit la vie. — 1725, 17 décembre. Ouragan épouvantable qui causa de grands dégâts à plusieurs édifices.

Villegardin, 1725. — « Le 11 décembre, entre midi et une heure, il s'éleva un ouragan si violent qu'il fit un très grand ravage, et entre autres en ce pays-ci ; il geta le clocher de Montacher en bas qui étoit une fort belle flèche. »

Hauterive, 18 janvier 1739. — « Il y eut une tempête très violente et un vent orageux qui renversa les toits, brisa et arracha dans la parroisse 300 pieds de gros arbres. »

Thury, 1755. — « Le 29 septembre, une grêle épouvantable a brisé tous les vitraux de l'église. »

Tharoiseau, 1756. — Le 28 juin, la commune de Tharoiseau et plus de cinquante communes voisines furent tellement ravagées par la grêle, qu'on ne récolta ni bled ni vin ; même, l'année suivante, les vignes ne portèrent que des feuilles.

Idem, 1758. — « Une gelée universelle perdit, dans le mois d'avril, toutes les vignes de la Basse-Bourgogne ; au mois d'août de la même année, il arriva une chute d'eau si considérable que les terres des vignes furent enlevées ainsi que les foins des prairies ; le même orage inonda plus de quarante communes ; il y eut trois hommes tués à Asnières, près Vézelay, par le tonnerre, et deux autres blessés ; ces personnes étoient dans le clocher. »

Thorigny, 1761. — « Le 11 juillet, un orage épouvantable a dévasté tout le finage de la paroisse. La grêle étoit grosse comme des œufs de pigeon. Toutes les récoltes ont été perdues. »

Lucy-le-Bois, 1762. — « Le 23 mai, le dimanche pendant qu'on étoit à vêpres, le tonnerre est tombé sur la voûte du chœur, au nord, vis-à-vis l'escalier du clocher, a pénétré dans l'église où il a blessé une femme qui y est morte munie du sacrement de pénitence. — 1763. Cette année l'hiver a été fort difficile à cause de la rigueur du froid et de sa durée ; il n'a pas laissé de tonner par intervalle. Le 22 février, sur les six heures et demie, il y a eu un orage aussi violent qu'on peut l'avoir au plus grand été ; cet orage a duré plus d'une heure. Il s'en est fait de pareils et le même jour, particulièrement depuis Auxerre à Dijon. »

Grimault, 1763. — « Année fort orageuse. Ravage des campagnes par la grêle. »

Thorigny, 1768. — « Le 29 juillet, un violent orage a causé les plus grands ravages. Il y avoit de 4 à 5 pieds d'eau dans les rues basses. » — 25 mai 1773. Un violent orage a causé d'incalculables désastres et particulièrement dans les rues basses. — 1774. « Deux orages tels qu'on n'en avoit vus de mémoire d'homme ont éclaté les 15 mai et 19 juin. Dans le premier, la ferme des Hasards a été submergée et presque tous les animaux noyés. On n'a pu sauver les chevaux qu'en les faisant monter dans le grenier. Dans le second, il y avoit, dans les rues basses, de l'eau jusqu'à la bouche des fours. »

Rogny, 1770. — « Pluies continuelles pendant presque les six derniers mois de l'année, et inondation le 26 novembre par une pluie terrible, de sorte que, dans le bas de Rogny, dans les maisons, il y avoit de l'eau de deux à trois pieds et encore plus au-delà des ponts par l'étang de la Javaicière qui a débordé. Cette inondation a fait des ravages à Montargis et encore plus à Nemours ; ponts et maisons renversés en plusieurs endroits de la France. »

Saint-Cydroine, 1779. — « 12 mai 1779, a commencé de tomber une pluie torrentielle qui a duré 27 heures, fait déborder toutes les rivières, lesquelles se sont trouvées couvertes de meubles, moutons, débris de moulins, de maisons, de bois de corde et carré, charbons, bateaux brisés, etc. »

Pont-sur-Yonne, 1772. — Ouragan arrivé dans la nuit du 27 au 28 juin, qui amena la chute de la flèche de l'église et de trois clochetons. »

Idem, 1779. — Inondation du 27 au 28 juin.

Merry-sur-Yonne, 1779. — ¶« Le 12 mai, à trois heures après midi, cette paroisse a été ravagée de la grêle, et partie du terrain emportée par une pluie affreuse, qui a fourni dans nos vallées des maisons et autres, quatorze et quinze pieds d'eau d'élévation, à laquelle n'ont pu résister des pierres de plus de deux milles livres qui ont été roulées jusques dans la rivière, que ces mêmes torrents ont fait croître, en trois quarts d'heure, de plus de dix pieds : arbres, murailles, maisons, rien n'a pu retenir. Ce désastre a été affreux, l'homme n'en peut voir de plus grand. Il nous paraissoit que tous les éléments réunis avoient résolu la perte de ce lieu ; notre rivière fut comblée en différents endroits par la quantité de pierres ainsi que beaucoup de champs et de prés. »

Lain, 1783. — Cette année, les mois de juin et juillet ont été remarquables par des brouillards épais et sanguinolents qui ont rempli l'atmosphère dans une bonne partie de l'Europe jusqu'à cacher le disque du soleil. Les physiciens les ont attribués aux pluies abondantes de l'hiver précédent que le soleil avoit pompées ; d'autres, à cause de leur sécheresse, les ont attribués aux fumées et vapeurs des volcans de différentes parties du monde que les vents ont dispersées.....

Maligny, 1783. — « Pendant le mois de juillet et la moitié du mois d'août, il a régné des brouillards extrêmement épais que l'Académie a nommés brouillards secs ; ils ont été universels, les chaleurs ont été excessives, les orages fréquents et dangereux. Le

18 septembre, à trois heures après midi, il tomba de la grêle dont les grains extrêmement larges et plats pesoient une demi-livre, elle étoit rare et ne fit pas de mal. »

Mont-Saint-Sulpice, 1783. — Même remarque sur la présence, du mois de juin à la fin de juillet, « de brouillards tellement épais qu'il étoit presque impossible d'apercevoir le soleil; ils n'étoient qu'à 12 toises de terre. »

Saint-Valérien, 1787. — « 16 juin, grêle qui a détruit toutes les récoltes de la partie nord de la commune. Les vignes ont été totalement ruinées; il ne leur est pas resté une seule feuille. »

Moulins-sur-Ouanne, 1787. — Pluie extraordinaire tombée le 29 juin.

Civry, 1788. — « On n'eut pas de pluie depuis le 29 juin jusqu'au 13 janvier suivant. »

Thorigny, 1788. — Une grêle affreuse est tombée le 13 juillet, a ravagé plus de 1,300 paroisses, et a presque mis la famine dans le royaume. »

Villeneuve-la-Guiard, 1788. — « Le 24 août une grêle considérable a ravagé le territoire de Villeneuve et les pays voisins. Mort d'une maraîchère de Sens tuée par la grêle. »

Beugnon, 1788. — Cette année doit faire époque pour les accidents météorologiques. Pendant l'été, des grêles affreuses ont causé d'énormes ravages. La récolte a été tout à fait mauvaise.

VIII. — Gelées, Famines.

Parmi les évènements qui affectent les campagnes, les gelées extraordinaires figurent naturellement au premier rang. Nous rapporterons seulement les plus marquantes.

Bellechaume. — Voici une mention du curé qui fera sourire. An 1608. « Cette année les vignes furent gelées en bois et les noyers aussi. Il fit de très grandes froidures, que l'eau qui distilloient par des tisons qui brûloient dans le feu geloient par le bout du tison. » (*sic*).

Dannemoine, 1614. — Les 14 et 15 mai, les vignes ont toutes été gelées, si bien qu'il n'est rien resté des vignes hautes et basses dans toute la vallée du Tonnerrois et en beaucoup d'autres lieux. — 1620, 19 janvier. La neige tomba et dura jusqu'au 16 février, prenant avec un froid si intense que toutes les vignes ont gelé.

Chéroy, an 1659. — Toutes les vignes ont gelé le 24 avril. — 1661, 12 et 13 avril, les vignes ont gelé.

Hiver de 1709. — La France entière fut frappée par ce terrible hiver, et dans chaque contrée les historiens locaux ont fait un tableau lamentable de l'état du pays. Nous reproduisons ici les douloureux souvenirs consignés dans les registres d'un certain nombre de paroisses de diverses parties du département. Plusieurs de ces récits sont d'une éloquence saisissante.

Augy. — Le curé ne parle pas des gelées, mais son registre mortuaire est rempli de 58 actes de décès pour une population de 350 habitants, près du sixième !

Champs. Ce pays est voisin d'Augy. — « En 1709 il y a eu à Champs une famine horrible qui fit mourir beaucoup de personnes et d'animaux. Les blés et les vignes ont gelé entièrement, il n'y a eu aucune espèce de récolte. Le pain d'avoine valoit quatre sous la livre. Les ouvriers ne trouvoient même pas d'ouvrage pour un pain. Les pauvres se nourrissoient de berlues (1), les noyers séchèrent tous à la suite de la gelée. »

Chéroy. — Le 16 janvier 1709, jour des Rois, la gelée commença d'une manière si forte qu'en moins de quatre jours elle devint si violente que jamais homme vivant n'en avoit senti de pareille, elle dura dix-sept jours. Il tomba plusieurs jours une neige si fine et en telle quantité qu'il y en avoit ici près d'un pied d'épaisseur sur la terre. Il mourut de froid beaucoup de personnes et principalement les petits enfans, en ayant enterré 22 dans cette paroisse pendant le mois de janvier. » (2).

Montacher. — On n'y fait pas mention de la gelée de l'année 1709, mais les conséquences de la misère qui s'en suivit furent terribles. Le curé, en consignant plusieurs actes de décès, s'exprime ainsi ; « 27 novembre 1709, est décédée une pauvre femme nommée Saffret, âgée de trente-deux ans. » Et il ajoute ces mots latins : *Fame periit*, qui comme un glas funèbre vont retentir à la suite de sept autres actes de décès du mois de janvier 1710. Quelles paroles pourraient remplacer ces deux mots si éloquents dans leur brièveté !

Nuits-sous-Ravières. — L'entrée en matières du curé concorde bien avec les dates du doyen de Chéroy. « 1709. L'hiver a été très rigoureux et très rude cette année. Trois gelées dont la première commença le 6 janvier et dura jusqu'au 24 du même mois ; la deuxième au mois de février, et dura près de vingt-quatre jours, et l'autre au mois de mars qui fut aussi forte que les deux autres et dura dix jours ; les blés furent perdus presque par toute l'Eu-

(1) Espèce de tubercule venant dans les terrains sablonneux-calcaires.

(2) Voir, pour plus de détails, l'*Almanach de* 1865, 2ᵉ partie, par M. A. Lechat.

rope, ainsi que les noyers, les oliviers, les orangers, etc., aussi on a vu cette année et on verra la prochaine ce qui n'est pas arrivé depuis plusieurs siècles, la famine dans son plus haut point ; le froment valant aujourd'hui 24 juin, 16 livres le bichet, le conceau 8 livres, l'orge 100 sols, et l'avoine 40 sols, et le grain augmentant toutes les semaines de plus de 20 sols. Dieu nous soit en aide ! »

Sarry. — Ici le curé résume en deux chiffres les malheurs qui ont frappé sa paroisse. — En 1709, mort de quarante-deux personnes de différents âges. Ce village ne se compose que de 600 habitants.

Seignelay. — « En l'année 1709, il y eut un si cruel hiver qui commença le jour des Roys, que jamais il n'y en peut avoir un si long et si rude ; il se reprit à trois fois ; tous les arbres furent gelez, les noyers surtout et les arbres fruitiers ; les bleds périrent en terre et les vignes, de sorte qu'il n'y eut point de récolte que d'orge et d'avoine. La disette vint ensuite : on vendoit le bichet de bled jusqu'à 20 et 22 livres (1) ; la pinte de vin 10 et 12 solz et davantage. Le bichet d'orge se vendoit 7 à 8 francs. Le désastre fut universel. On trouvoit à la campagne non-seulement des hommes morts de froid, mais encore les oiseaux et les bêtes fauves dans les grands bois. »

Vincelles. — Le curé de Vincelles qui rédigea la relation suivante à la fin du registre de 1709 n'avait pris possession de sa cure qu'à la fin du mois de juillet, il ne parle donc pas des faits antérieurs dans le pays, mais comme il venait du nord, il raconte ce qu'il a vu et éprouvé pendant son long voyage, et il n'en est que plus intéressant.

« L'on ne sera peut-être pas fâché de savoir que cette présente année l'hiver fut si terrible que les bleds furent gelés universellement partout, c'est ce qui sera incroyable à la postérité et cependant il n'y a rien de plus vrai. Je tins moy-même plus de deux cents lieues de païs et fut témoin oculaire que dans la Flandre, la Picardie, dans la Champagne et dans la Bourgogne, c'étoit la même misère que l'on déploroit, mais comme il y avoit encore du vieux bled, le pain ne fut encore vendu que 5 et 6 sols la livre. L'on voira ce qui arrivera de triste dans l'autre année suivante. Le Roi Louis XIV fit faire des recherches sur tous les greniers et il y avoit ordre que de laisser bien juste ce qu'il faloit pour chaque maison. Les grandes maisons à Paris, et à leur imitation dans les

---

(1) Le bichet de froment de Seignelay, contenait 56 litres ; ce qui aurait mis le prix de l'hectolitre à plus de 35 francs.

villes de province, les premiers de chaque lieu, fesoient faire un feu commun dans le melieu des rues. La rigueur du froid dans le mois de janvier fut si grande, que l'on ne pouvoit mettre le née à l'air sans être saisi ; il se trouva une infinité de personnes mortes par les champs, .moy-même je ne sçay par quel miracle de la providence j'en ai réchappé. Malgré la force des habits, la bonté de mon cheval, cependant il m'étoit impossible de faire plus de trois lieues que je fesois plus de moitié à pied et en bottes ; mais aussi cette fatigue-là m'a fort diminué, n'ayant pas eu une santé même passable depuis ce temps. »

L'année 1710 est l'objet de remarques encore plus intéressantes. D'abord, il n'y a eu au registre aucun acte de baptême et de mariage et les actes de sépulture sont au nombre de 25, chiffre déjà considérable, et le curé a écrit à la suite du registre de cette année : « Peut-être serez vous surpris, mon cher lecteur, de ne voir dans le registre que des morts. Votre étonnement cessera si vous remarqué que c'est celuy de 1710, année dans laquelle il sembla que le Seigneur vouloit enfain tirer vangance de l'homme pécheur et le perdre par une disette de bled : il valoit cette année, en ce païs jusqu'à 20 et 25 francs le bichet. Le pauvre peuple vandoient jusque à leurs chemises pour se nourrir. L'on voyoit les hommes et femmes, enfans, petits et grands, le visage et les mains terreux, raclant la terre avecque leurs ongles, cherchant certaines petites racines qu'ils dévoroient lorsqu'ils en avoient trouvé. Les autres, moins industrieux, paissoient l'herbe avec les animaux. Les autres, entièrement abbatues, étoient couchés le long des grands chemins, et atendoient ainsi la mort. »

« Ceux même qui paraissoient les plus aisés étoient ceux qui souffroient davantage faute de payement. Les rentes de l'Hôtel-de-Ville furent retranchées. Les curez étoient trop heureux de vivre de pain tel quelle. Le vin étoit or de prix, les vignes ayant été gelées jusque dans la terre l'année précédente. L'on ne vécut que d'orge où le pauvre ne pouvoit attindre, car il valoit encor 8 et 9 francs le bichet. L'on ne voioit pas encor de bled, ceux qui en avoit le conservoit pour le seumer, et moy-même, je vous avouray que quand j'en voyois cela me fesoit un tel plaisir qu'i sembloit que je n'avois rien vu de plus beau ; cependant, quand toutes semailles feurent faittes, le grain diminua tout-à-coup, je veux dire l'orge, et l'on commença un peu à manger du pain, à la vérité fort pauvre, mais à meilleur marché. Mais quel gain pour les pauvres qui avoient tout vendues et n'avoient plus de quoi faire ce peu d'argent ? Quantité d'âmes charitables suppléèrent à ce deffaut. Je reçus à ma part 20 écus d'aumosnes. Je ne puis passer sous silence ce que j'ay regardé comme un miracle : quoique les pauvres mouroient comme des bestes, jamais l'on n'a moins entendu parler de meurtre, d'assassin ni de volles. Les chemins étoient sures au milieu de cette grande disette.

« Les bleds que l'on voyent parfaitement beaux, où il y en a de seumé, rendent la joye aux cœurs, et l'on commence à revivre finissant cette année. Prions le Seigneur qu'il nous préserve de revoir jamais de pareilles temps! »

Le curé constate qu'en 1711 « le peuple qui a resté de ces deux dernières années, a trouvé grâcement à gaigner sa vie. Les vivres n'ont pas été cher comme les deux précédentes, mais le vin a été très cher à cause de la gelée de 1709, et qu'en 1710 les vignes n'ont poussé que du bois fort chétif, qui n'a casi rien porté, de sorte que je n'en ai recueilli, dans un arpent, que plain mon chapeau ; ainsi des autres. »

L'année 1711 fut très favorable aux blés et aux vignes et le curé de Vincelles y voit l'apaisement de la justice divine.

Vinneuf. — Le curé de ce village résume en quelques mots les suites lamentables de la gelée de 1709. « Cette année a été terrible. Les grains, arbres et vignes ont péri par les gélées successives du mois de janvier. La famine cessa au mois d'août. Les vignes furent coupées à ras de terre, on fut quelques années sans vin. — Du 23 au 30 janvier, la terre étoit tellement gelée qu'on ne pouvoit faire de fosses au cimetière ; on enterroit alors dans la nef de l'église. Dans cette année il est mort à Vinneuf cent dix-huit personnes » (1).

Yrouerre. — « L'hiver commença le lendemain des Rois, et fut si rigoureux que les blés, les vignes, lès noyers, etc. furent entièrement gelés. »

Terminons ce lamentable chapitre par la relation du curé d'Asquins, petit village près de Vézelay.

« L'an de N. S. 1709, après avoir fait un temps très doux, mêlé de pluie et de brouillards, pendant les mois de novembre et de décembre de l'année 1708, le froid commença le jour des Roys, 6 janvier, si rigoureusement qu'en moins d'une heure ta terre qui étoit pleine d'eau fut gelée et glacée à porter les charrettes, par le moyen du vent de bise qui continua sans interruption pendant quinze jours. Ce froid fut si intense qu'il désola toute la nature, car, outre plusieurs personnes qui en moururent, il périt quantité de bestiaux dans les étables, plus de la moitié des animaux et des

---

(1) Il y a aujourd'hui 1372 habitants à Vinneuf. C'était donc le dixième de la population, en admettant qu'elle s'élevât à ce chiffre en 1709.

oiseaux de la campagne, des poissons dans les rivières et dans les étangs. Tous les noyers petits et grands, jeunes et vieux, en séchèrent jusque dans la racine; les trois quarts des poiriers, pommiers et quantité d'autres arbres dans les forêts et les bois ; toutes les vignes gelées, et ce qui est plus étrange, tous les bleds furent gelés dans la terre et perdus, ce qui causa une famine terrible pendant le reste de l'année 1709, qui jointe aux fléaux de la guerre fit mourir de faim une infinité de personnes. Des paroisses et des villages presque tout entiers ne mangeoient que de l'herbe et des racines des champs, quelque peu de pain fait avec de la racine de fougère ; j'en mangeai moy-même, il étoit de la couleur du pain ordinaire des paysans, mais d'un mauvais goût. Le blé fut vendu jusqu'à 20 francs le bichet, mesure de Vézelay, pesant 80 livres, encore ne pouvoit-on en avoir pour de l'argent. Les paroisses de Vézelay, d'Asquins, Saint-Père, Fontenay et Chamoux, s'assemblèrent et allèrent en procession à Saint-Lazare d'Avallon, le 18 avril de la même année, pour implorer la miséricorde de Dieu et apaiser sa colère. On chanta pour cela, pendant tout le chemin, en allant et en retournant, les psaumes de la pénitence de David, et les litanies des Saints et de la très Sainte-Vierge. Nous dîmes la messe à Saint-Lazare, qui fut chantée en musique par MM. du Chapitre, après quoi la procession partit comme elle étoit arrivée, et personne ne s'arrêta dans Avallon pour y boire et manger, car notre vœu étoit fait ainsi : mais en passant à Pontaubert, après avoir adoré le Saint-Sacrement dans l'église, les prêtres quittèrent leurs ornements pour aller avec tout le peuple manger le peu de pain que chacun avoit apporté dans sa poche, après quoi on acheva la procession, qui fut faite avec beaucoup de piété et de dévotion, tous s'efforçant de demander et d'obtenir miséricorde ; et il est vrai de dire que Dieu nous l'accordée en donnant un temps favorable aux orges et aux avoines qu'on recueillit en abondance, avec laquelle on se nourrit jusqu'à 1710 qu'on recueillit du bled qu'on avoit semé de grains vieux. »

Après les années 1709 et 1710, on vit encore au XVIII\e siècle quelques années marquées par des gelées rigoureuses, et dont nós registres ont conservé le souvenir.

« A *Thorigny*, en 1755, il y eut un hiver très long et très rigoureux, vignes gelées ou greslées le 29 avril et même aux approches de la moisson ; été très pluvieux. » Au même lieu, en 1768 « hiver extrêmement rigoureux, plusieurs personnes ont péri par le froid. »

1774. — « L'hiver a été des plus durs à Thorigny, et les pauvres seroient restés sans pain sens la charité active de M. et Mme de La Vallette, seigneurs de ce lieu, qui ont pourvu à leurs besoins.»

L'hiver de l'année 1788-1789 a été partout très rude. Nos registres en ont fait plusieurs fois mention de la manière suivante : A *Beugnon* « depuis le 20 septembre jusqu'au 2 janvier, il n'est pas tombé d'eau et il a gelé constamment. Misère excessive, les moulins ne peuvent moudre, et la moitié des habitans sont sans pain ; les glaces ont cinq pieds d'épaisseur. »

A *Bussières* « après une sécheresse des plus longues qu'on ait vues, il n'est point tombé de pluie depuis le 1er juillet jusqu'au 24 janvier. Le froid a commencé le 20 novembre et a augmenté continuellement jusqu'au jour des Rois. Le dégel a commencé le surlendemain des Rois par le vent du midi, lequel a fondu un pied et demi de neige qui étoit sur la terre depuis six semaines. »

A *Grimault* « hiver rigoureux, grande gelée. »

Lain. « Il y a eu cette année un grand hiver, qui a commencé à la Saint-André et a continué jusqu'au 14 ou 15 janvier 1789 ; beaucoup de neiges et de glaces de sorte que les moulins ne pouvoient moudre à cause des glaces, ce qui a causé une famine ; beaucoup de noyers et autres arbres ont été gelés. Il y a eu peu de grains et point de vin, ce qui a rendu les denrées fort chères et l'année 1789 très misérable. »

Thorigny. « L'hiver de cette année 1788 a été extrêmement rude. la récolte plus que médiocre. »

A *Villeneuve-les-Genêts* « famine causée par une sécheresse opiniâtre suivie d'un froid rigoureux qui empêcha les moulins de fonctionner. Les moulins à poivre et à café furent employés à moudre le blé. »

IX. — Pestes, Épidémies.

Après les accidents de la nature qui causent aux pauvres habitants des campagnes des dommages dans leurs biens ruraux, voici les maladies qui les frappent terriblement dans leurs corps.

Les curés de plusieurs villages nous ont conservé le souvenir de certaines maladies qui ont sévi et auxquelles ils donnent les noms de « contagion, peste, maladie épidémique, etc. »

Septfonds. — On lit en marge d'un registre de baptêmes de l'année 1626 : « Première contagion à Saint-Fargeau » et plus loin : 1626, grande contagion à Bléneau ; — en 1632, contagion grande à Châtillon-sur-Loing ; seconde contagion à Saint-Fargeau. Septembre à novembre 1639, l'année de la dyssenterie. »

Argenteuil. — « Mémoire de ceux qui sont décédés de la peste et mal contagieux, depuis le 5 juillet au 30 novembre 1637, 98 personnes. » 39 personnes sont mortes d'autres maladies la même année.

Chéroy, 1710. — « Il y eut cette année beaucoup de fièvres putrides et malignes, du pourpre, des rougeoles, pleurésies et autres maladies qu'on disoit être contagieuses, et dont les plus jeunes, les plus forts et même les plus commodes mouroient, ce qui fut assez universel. Le Roi envoya, en quelques endroits, des médecins habiles, comme à Montargis et ailleurs. Il est vrai que cette paroisse (Chéroy) ne fut pas attaquée aussi violemment que beaucoup d'autres, mais il y a eu beaucoup d'endroits où le quart et même le tiers des habitants étoient morts cette année. »

Coulanges-la-Vineuse, 1764 — « Le 9 juillet, décès de Pierre Guillebert-Latour, à 50 ans, docteur en médecine à Auxerre, décédé en cette paroisse, où il avoit été envoyé par M. l'Intendant pour y prendre soin des malades. »

Dannemoine. — « 20 mai 1758, commencement de la maladie épidémique ou milliaire, qui a fait jusqu'à 80 malades dont 52 sont morts. »

Charbuy, 1761. — Maladie épidémique, 71 décès.

Pourrain. — « En l'année 1760, une maladie épidémique décima la population de Pourrain ; ce fut dans le mois de juillet qu'elle fit le plus de ravages. Le 10 de ce mois on compta cinq décès, le 11 il y en eut trois ; une des dernières victimes fut le curé, M. Gestat, qui mourut le 27 juillet. »

X. — INCENDIES.

Autrefois les maisons des villages étaient pour la plupart couvertes en paille et l'existence des pompes à feu à peu près inconnue. Aussi quand un incendie éclatait, le danger de destruction générale du pays devenait menaçant et il fallait des efforts inouïs pour s'en préserver.

Voici quelques uns des évènements de ce genre dont la relation nous a été conservée, et qui montrent les terribles effets du fléau sur les pauvres villages atteints.

Bazoche-les-Bray, 1753, septembre. — Quatre-vingts maisons ont été incendiées dans ce village. On a fait une quête pour les malheureux dans tout le diocèse. (Reg. de Thorigny).

Bellechaume, 1641, 28 juillet. — « Bellechaume fut brûlé, environ soixante cinq maisons et granges furent détruites. »

Brienon, 1606. — La ville de Brienon fut brûlée à la vigile de Saint-Mathieu. (Registre de Bellechaume). — 6 septembre 1785, « incendie qui consuma deux cent trente maisons, dont la plus grande partie étoit couverte en chaume. »

A la suite de cet évènement, une ordonnance de police confirmée par le Parlement, prescrivit de ne plus couvrir de maisons qu'en tuiles. (Voy. *Recherches historiques sur le département de l'Yonne*, par Tarbé, p. 482).

Chemilly-sur-Serain, 1767, 27 mars. — Relation de la mort de deux personnes brûlées en ce jour dans un violent incendie qui a détruit le village à l'exception de neuf maisons. En 1739, un autre incendie avait déjà détruit le même nombre de bâtiments et les habitants avaient été ruinés.

Courgis, 1749, 22 octobre. — Cent soixante maisons de Courgis ont été entièrement brûlées. (Registre de Saint-Cyr-les-Colons).

Chéroy, 1736. — « La nuit du 12 au 13 août, le feu a pris dans la maison où pendoit pour enseigne le *Renard*, occupée par Nicolas Richardot et Françoise Bouvot, sa femme, avec tant de véhémence que suivant le procès-verbal de visite qui a été fait par le lieutenant-général de Nemours, il y eut 195 corps de bâtiments totalement détruits, et près de quarante familles ont été tout-à-fait ruinées. L'Archevêque de Sens rendit un mandement pour être publié dans toutes les paroisses de son diocèse afin de recommander les pauvres incendiés, ce qui s'est exécuté très sagement, et par les charités du duc d'Orléans (1), les bâtiments se sont rétablis, mais plus parfaitement qu'ils n'étoient auparavant. »

Les Sièges, 1706.— « Le 4 juin, à quatre heures après midi, le feu fut mis dans la paroisse des Sièges, vers le milieu de la rue du Haye, par le nommé Edme Sardin, âgé de dix ou onze ans, dans le fumier d'Antoine Martin, qui insensiblement gagna la maison, et ensuite poussé par un vent violent, prit, en moins d'une heure et demie, à soixante-douze maisons, trente-deux granges, le presbytère, l'église, et d'une manière qui tire les larmes des yeux, car à peine eut-on le loisir de sauver les enfants et d'emporter son lit en grande hâte, en sorte que je ne pus même sauver les registres des baptêmes, mariages et mortuaires, qui ont été brûlés avec les livres et les ameublements que j'avois. » Signé, C. Martin, curé.

Montacher, 1781. « La nuit du 2 au 3 septembre, environ une heure après minuit, grand incendie qui consuma dix maisons, huit granges remplies de grains; l'église fut ensuite brûlée entièrement, ainsi que les ornements, les cloches et vases sacrés furent fondus par le feu; la perte totale a été évaluée à plus de cent mille francs. »

Neuilly, 1722, 21 avril. — Grand incendie à Neuilly, près des

____

(1) Le duc d'Orléans était seigneur apanagiste de Chéroy.

Voves. Deux cents maisons incendiées, quinze personnes ont péri et beaucoup de bestiaux. (Registre d'Epineau).

Saint-Martin-sur-Armançon, 1742, 20 août. — « Incendie de presque toutes les habitations de la commune ; trois grandes personnes et cinq enfants y ont péri. »

Saint-Valérien, 1706, 16 février. — Ont été inhumés les corps de Louis Legout, meunier, âgé de 30 ans, d'Aimé Cornet, sa femme, âgée de 32 ans, et de sept autres personnes, leurs parents ou domestiques « tous lesquels corps ont été trouvés à demi brûlés dans le moulin de la Grande-Roue, commune de Saint-Valérien, qui a été consumé la nuit dernière par un incendie aussi déplorable qu'il a été subit et imprévu. »

Thorigny, 1617, 24 juillet. — « Un incendie épouvantable, causé par la femme de Simon Rameau, a brûlé plus de cent maisons. Le soir, il y avait 340 personnes qui cherchoient leur gite. »

Thury, 1764. — « Un incendie a mis en cendres le bourg de Thury, excepté la maison seigneuriale, le presbytère et l'église. Celle-ci n'a échappé aux flammes que par les efforts de M. le comte de Lauris, seigneur de Thury. Le 4 octobre 1764, le subdélégué de Gien promit de venir au secours des incendiés. »

Venizy. — Tous les registres de baptêmes ont été brûlés dans l'incendie du 16 mars 1707.— 6 juin 1718, baptême de deux cloches faites du métal fondu et ramassé après l'incendie de l'église du 16 mars 1707. — Même année, bénédiction de la nouvelle église.

Villon, 1785, 24 août. — Incendie qui détruisit toute la rue haute de Villon.

Yrouerre, 1707. — « Le 14 mars, sur les neuf heures du matin, toute la rue d'en haut fut brûlée jusqu'au bout de l'allée du château, excepté quelques maisons et granges. »

XI. — TRAVAUX D'ÉDIFICES PUBLICS.

Les travaux dans les édifices publics, faits pendant le cours des derniers siècles, n'offrent pas, en général, un grand intérêt. Il nous a paru cependant à propos de relever le petit nombre des faits de cet ordre relatés dans nos registres.

Arcy, 1758, 13 septembre. — Bénédiction de la première pierre du pont d'Arcy, construit sur l'emplacement d'un autre pont détruit depuis longtemps. Le nouveau pont se fait aux frais de la paroisse. — *Chastellux*, 1738, août. — M. de Chastellux, d'après les conseils de M. Bellot, curé de Chastellux, fait construire près de l'église et de la cure, une maison d'école qu'il abandonne à perpétuité, etc. — *Châtel-Censoir*, 1649, février. — Décès de Jean

Pirethuy, gruyer de la châtellenie, âgé de 92 ans « sans avoir été marié ». « Il a restauré le grand portail.de l'église de ce lieu, soit en portes, degrés, grandes vitres, ensemble la bannière de très belle étoffe de velours cramoisy ; a fait dresser la croix qui est au milieu du bourg à ses propres frais. » — *Coulanges-sur-Yonne.* — Le 8 mars 1680 fut posée une pierre dans le fondement des basses esles (de l'église) du costé de la rue, au costé droit en entrant, par Sébastien Devilliers, fils de François Devilliers, marchand audit lieu. — *Hauterive*, 1760-1763. — Construction de la tour de l'église aux frais de l'abbé de Saint-Germain. « J'ai fait faire la tour de l'église en 1760, qui a coûté 1,800 livres. Signé : Maillot, curé. » — 1781, 21 octobre. — Bénédiction de l'église de *Pimelles*, nouvellement construite aux frais de Louis-Alexandre-Charles Viart, chevalier, seigneur de Pimelles, capitaine de cavalerie. — *Saint-Maurice-aux-Riches-Hommes*, 1776. — Reconstruction de la nef de l'église. — *Tanlay*, 1643. — David de Varambouville, maître charpentier de Paris, conducteur des travaux de charpenterie du château de Tanlay. — 1648. — Messire Claude Lebé, sculpteur ; Nicolas Lejeune, appareilleur au château. — 1646. — Charles Mérat, maître maçon ; Pastel, maçon du roi, entrepreneur du château de Tanlay. — Ces personnes son parrains d'enfants de la paroisse. — *Tronchoy.* — « L'église paroissiale n'était, avant 1776, qu'une chapelle construite alors par M. Fayard de Bourdeille, seigneur de ce lieu. La chapelle a été agrandie de tout ce qui forme le chœur, et l'office paroissial a commencé d'être célébré le 2 février 1777, dans l'église de Tronchoy, devenue succursale de la paroisse de Cheney.

XII. — FAITS DIVERS.

Nous grouperons ici, par ordre alphabétique, plusieurs faits qui n'ont pu trouver place dans les chapitres précédents, à raison du petit nombre de chaque espèce. Ils n'en offriront pas moins d'intérêt. Ajoutons encore que nous avons négligé de relever un grand nombre de bénédictions de cloches, de croix et de chapelles, et des actes de confirmation des fidèles par les évêques dans leurs tournées pastorales.

Accident. — Saint-Florentin, 1613, 18 janvier. — « Mort de Pierre Desprez. prêtre, âgé de trente-trois ans, tué par la chute de deux pierres des meneaux de la voûte du chœur de l'église, en droit des orgues, du côté droit, lui étant dans sa stalle, aux vêpres, »

Bohémiens. — Toucy, 1586, 6 septembre. — Baptême de Marie, fille d'Etienne Lasitte et de Barbe Violent, ses père et mère « estant logez au faubourg d'en bas de cette ville, et sous la conduite de Sébastien Lescuyer, tenant et soy disant cappitaine de la petite Egipte, soubz le bénéfice du roy, arrivez audit lieu le 4. »

Enfant à deux têtes, enfants bessons. — Argenteuil, 1646, 19 septembre. — Naissance d'un enfant à deux têtes, quatre bras, quatre jambes et un seul corps. (Mort le même jour.) — Toucy, 1665, 30 août. — Baptême de deux filles bessonnes de la paroisse de Saint-Privé, ayant deux testes distinguées, quatre bras avec lesquels elles s'entrebrassoient, ayant depuis les clavicules jusqu'aux os des isles, un même corps, les quatre cuisses, quatre jambes et quatre pieds distingués. Présentés à une image de la sainte Vierge dans l'église collégiale Notre-Dame, très ancienne « et renommée en de semblables rencontres, pour faire prière à Dieu, qu'il lui plût, par l'intercession de sa très-sainte Mère, faire paroistre quelques signes de vie dans lesdiz enfans, ce qui fut fait et constaté par Mᵉ Estienne de Laurens, docteur et agrégé honoraire en la faculté de médecine d'Avignon, demeurant à Auxerre. » On avait d'abord l'intention de porter les enfants à saint Edme de Pontigny, pour le prier d'intercéder pour eux auprès de Dieu.

Enfants dévorés « par des bêtes » (1). Trucy-sur-Yonne, 1734, 2 avril, jeudi-saint. — « Ont été inhumés quelques ossements de Nathalie Chevillard, dévorée à la porte de son père par une bête, sur les sept heures du soir. — 19 mai suivant, a été inhumée la tête de Laurent Liard, qui a été dévoré à la porte de son père. — 21 novembre suivant, a été dévoré au Poirier-Thomas, Jérôme Liard, âgé d'environ sept ans, dont on a retrouvé que ses pauvres habits. » — Mailly-le-Château, 1734, 28 décembre, « Un jeune enfant de six ans a été dévoré par des bêtes. »

Enfants portés à saint Edme de Pontigny. — Saint-Père, 1657. — « 2 août 1657 et 1ᵉʳ novembre 1665, deux certificats des religieux de Pontigny, constatant que deux enfans mort-nés et portés « soubs la châsse du glorieux corps incorruptible et entier de saint Edme », ont donné signe de vie, ont été baptisés et inhumés en terre sainte. »

Filles dotées par le duc et la duchesse de Nevers, en 1588. — Nos registres ont conservé des traces de cette institution. — Etais. — « Le 18 mars 1731, il a été procédé à l'élection d'une fille aumosnée, orpheline, ayant toutes les qualités requises par la fondation de messeigneurs les ducs de Nevers. L'acte authentique de

---

(1) Voir l'*Almanach de l'Yonne* de 1865, un récit par M. A. Lechat, d'événements du même genre arrivés à Tharoiseau, canton de Vézelay, en 1764.

ce choix a été passé le même jour par-devant nous (le curé) et
messieurs les officiers et autres témoins. » — Druyes, 1725, 28
mars. — Invitation au prône de l'église par le curé, en présence
des autorités et des principaux habitants « d'avoir à se trouver
le dimanche des Rameaux, à l'issue de la messe, dans l'église,
pour l'élection d'une fille aumônée, suivant la fondation de Mgr
de Nevers. » — Même annonce faite au prône par le curé de
Druyes, le 11 mars 1742. — Saint-Sauveur. — Instruction extraite
du contrat de la fondation faite par Louis de Gonzague et Hen-
riette de Clèves, son épouse, duc et duchesse de Nevers, pour le
mariage de soixante pauvres filles de leurs terres, par chacun an,
à perpétuité, dotées de cinquante livres tournois, par acte du 14
février 1588. — Les châtellenies de Châtel-Censoir, de Druyes,
d'Etais et de Saint-Sauveur, sont au nombre des pays désignés
à cet effet.

Hollandais prisonniers à Vézelay. — 1746, 13 octobre. — Naissance de Suzanne, fille de Wilhem Heuderchs, prisonnier hollandais et luthérien, et de Antie Brans, son épouse, « qui nous ont
sollicité à ce qu'elle fût baptisée », et le lendemain, 16 dudit, a été
baptisée ; marraine, Marie-Isabelle Spelberch, hollandaise catho-
lique. — 1746, 25 décembre, décès de W. Heuderchs, sus-nommé.
1747, 28 février, baptême du fils de Gérard Wilbert et de Tonnisse
Janssens, sa femme, prisonniers hollandais, catholiques. — 1747.
« Les prisonniers hollandais, dont la ville et les environs sont
remplis, sont cause de la cherté du blé. On nous a encore envoyé
en cette ville soixante prisonniers. »

Passages des souverains. — 1656. — Le passage de la fameuse
Christine, reine de Suède, à Auxerre, le 1er septembre, attira
l'attention du curé d'Escolives, qui relata le fait sur son registre.
Nuits-sous-Ravières, 1650. — « Lundi 14 mars, le roi Louis XIV
passa à Aisy-sous-Rougemont, dans le carosse de la reine régente,
sa mère, avec elle et Mgr le duc d'Anjou, allant à Dijon et au
voyage de la ville de Bellegarde (1). Et le dimanche précédent,
logèrent, en ce lieu de Nuys, neuf-vingt Suisses et une compagnie
du régiment des gardes, et le lundiz susdit, une autre compagnie
de Suisses. » — Seignelay, 1683. — « Le lundi 31 mai, Louis XIV,
roi de France, après avoir couché à Auxerre la nuit du dimanche
au lundi, a fait l'honneur à M. de Seillenay de venir en compagnie
prendre en son parc le divertissement de la chasse, après quoi,

____

(1) Louis XIV, tout jeune encore, se rendait à Dijon, où il entra sans
obstacle de la part des frondeurs, puis il alla assiéger la ville de Bellegarde, autrement dite Seurre-sur-la-Saône, qui capitula (9-11 avril).

étant entré en son château, il trouva en la grande salle une magnifique collation qu'il prit, et il s'en retourna ensuite coucher à Auxerre. » — Saligny, 1725. — Le 12 octobre, passage en litière, à Saligny, du roi de Pologne, Stanislas, de la reine, son épouse et de sa mère, accompagnés du régiment de Noailles.

Poules (offrande due aux mariages). — Le curé de Chevannes, au XVIIe siècle (1654 et suivantes), recevait, outre son droit curial de 30 sous à 3 livres, suivant la fortune des contractants, une ou deux poules qu'il a soin de mentionner en marge de son registre.

Pélerinage à Ravières. — 1768. « Le 11 juin, la procession de la ville de Montbard est venue en dévotion, en fort belle ordonnance, à la chapelle de Saint-Roch, proche la ville de Ravières, où étoit la commémoration de la Passion de Nostre-Sauveur, porté par de pieuses et dévotes dames. Il y avoit une fille qui représentoit sainte Reine, une autre qui représentoit sainte Ursule, une autre sainte Brigitte, une autre sainte Madeleine. On y voyoit aussi la représentation des douze apótres et aussi des pélerins de Saint-Jacques, le tout en fort bel ordre, avec deux cent cinquante mousquetaires bien mis et deux belles enseignes. »

Reliques. — 1688, 6 mai. — « Procession de la ville de Ravières pour faire la translation de deux reliques qui étoient dans deux châsses neuves données à l'église Saint-Pantaléon de Ravières par M. Lenief. » — Epineuil, 1736, 20 octobre. — Dépôt par l'évêque de Langres, en visite pastorale dans l'église d'Epineuil, dans une châsse d'ébène, d'un ossement d'un demi pied de long, d'une partie du fémur de saint Fucunde, martyr, envoyé de Rome et du cimetière de Sainte-Priscille. — Fontenoy, 1777, 21 avril. — « Cérémonie de la translation des reliques de saint Marien, notre patron, tirées... des grottes de l'abbaye Saint-Germain d'Auxerre, le 8 janvier de la présente année. »

Secours aux pauvres. — Chastellux, 1738. — Le comte de Chastellux achète et distribue une grande quantité de grains aux pauvres de ses terres, éprouvés si cruellement par une grande disette que plusieurs meurent de faim.